Dieses Buch entstand am tiefsten Punkt meines Lebens durch einen glücklichen Zufall:

Im Jahr 2000 nahm ich auf Einladung der „Nationalbibliothek des deutschsprachigen Gedichts" in München an einem Gedichtewettbewerb teil.

Erstmalig verfasste ich ein Gedicht, welches ich zur Bewertung einreichte. Nach längerer Zeit erhielt ich die Nachricht, dass mein Gedicht „Ausweg" in die Anthologie 2000 aufgenommen sei. Ebenso aufgenommen wurden im Lauf der folgenden Jahre das Gedicht „Freiheit" (2001) und „Friede"(2004).

So ermutigt schrieb ich alle weiteren Gedichte, die in diesem Band veröffentlicht sind, als Ausdruck der verschiedenen Facetten meiner Seele.

Otti Heller, geboren und beheimatet in Oberfranken, Mutter zweier bereits erwachsener Töchter, hat durch einige persönliche Krisen die einst verschüttete Quelle des lyrischen Schreibens entdeckt, welche sie zum Ausgleich neben Beruf und Haushalt für sich als Hobby entwickelte.

Otti Heller

ein-
aus-
augenblicke

gedichte

© 2004 Otti Heller

Herstellung und Verlag:
Books on Demand GmbH, Norderstedt

Bildmaterial/Umschlag:
http://www.visipix.com
http://www.freeimages.co.uk

ISBN: 3-8334-2177-0

Bibliografische Information Der Deutschen Bibliothek:
Die Deutsche Bibliothek verzeichet diese Publikation in der
Deutschen Nationalbibliografie; detaillierte bibliografische
Daten sind im Internet über http://dnb.ddn.de abrufbar.

Gegenüber

Freundschaft

Seist du auch meilenweit entfernt,
so bist du dennoch da.

Und wär`n wir jahrelang getrennt-
so bist du immer nah.

Nicht Zeit und Raum vermögen je-
gnadenlos zu trennen, was Freundschaft
man könnt nennen.

Gegensatz

Verschiedene Wesen,
sich ergänzend,
gleichend wie Eisberg und Vulkan,
doch stehend auf dem Grund der Liebe-
wir lassen los, wir zieh`n uns an.

Durch Ausgleich leben wir und reifen,
beständig nagt der Zahn der Zeit,
im Strom des Lebens wir begreifen,

unaufhaltsam treiben wir zum Meere
unermesslicher Unendlichkeit.

Liebe

Zwei,
die sich fanden
im Strudel der Zeit.

Liebe-
Gezeiten von Ebbe und Flut.

Zwei-
welche die Liebe auf starken Schwingen
über tiefschwarze Abgründe trug.

Vorbestimmt das Ziel.

Durch ein von Sonne durchflutetes Land
reisen nun beide Hand in Hand.

Ich liebe dich!

Ich liebe dich!
Schön, nur wie lang?

Vielleicht, solang der Lenz-
goldseiden, luftig uns umweht?

Vielleicht, wenn Sommer-
uns das Leben satt versüßt,
farbenfroh und heiter?

Doch dann, im Herbst-
wenn ich , wer weiss, dem Fallobst gleich-
liebst du mich dann noch weiter?

Missverständnis

Versprochene Gemeinsamkeit,
versprochne Lieb und Treu.
Versprochen, dass im Leben dies
stets allezeit so sei.

Nun sitz ich grübelnd, frage mich-
ob ich wohl recht verstand,
den Rotweinbecher angefüllt,
haltend in meiner Hand.

Der Geist des Weines raunt mir zu,
aus halbgeleertem Becher:
„Sicher war das Versprochene
irrtümlich ein Versprecher."

Regine

Nicht vom Blute anverwandt,
so erkannt vom Geist und Herz-
Schicksale synchron.

Dunkle Täler, lichte Höhn,
Leben pur im Scherz.

Krebs, die Geißel unserer Zeit,
trifft dich hart in jungen Jahren.

Angst und Hoffnung, Zweifel, Mut,
Berührung, letzte Zärtlichkeit,
Abschied-
doch die Liebe bleibt.

Mutter

Deine Liebe liess mich einst,
den Planeten „Erd" betreten.

Schmal der Lohn,
karg die Zeit.

Doch dein freundliches Gemüt,
sah den Sonnenstrahl im Leben.

Freiheit, Friede, Toleranz
bettest du mir in die Wiege,
dass auf allen Lebenswegen
ich letztendlich kam zum Siege.

Unbarmherzig riss der Tod,
dich im besten Alter fort.
In dem Park der Toten-
stand ich an deinem Grabe dort.

Unheilschwanger schlug das Herz,
ticfschwarz trug die Seele.

Nur der Trost, dass Liebe bleibt,
hier, so wie auch dort,
in gleissend güldner Ewigkeit-
wischte mir den grauen Schleier
salz´ger Tränen fort.

Geburtstag

Vorwiegend heiterer Sonnenschein
soll dich fern begleiten.

Just in trüben Zeiten,
wenn der Wolken Tränenfluss
freudig Herz macht schweigen,
mag pastellener Regenbogen
fröhlich sich dir zeigen.

Schatten

Graue Lüge hast du mir als Wahrheit deklariert,
sichtlich ergötzt sich dein Blick,
wenn mir das Herz gefriert.

Betrete ich vom Schicksal wohlgemeint
des Glückes goldene Matten,
in Windes Eile wirfst du mir,
schwarz, überdimensionale Schatten.

Glaub ich mich ebner, freier Bahn,
der Neid, er hasst verführt,
den größten Schmerz bereitest mir,
eiskalt und ungeniert.

Vertrocknete Seele lechzt nach Nass,
gelähmt ist der Verstand,
den Schierlingsbecher reichst du mir,
grinsend in meine Hand.

Besitzt tatsächlich eine Tugend,
sei dies Wort dir auch neu,
du existierst dem Schatten gleich,
penetrant und treu.

Der Hamster

Es sprach der Hamster Fritz,
„was ich brauch, heißt Veränderung,
mein Leben ist nur Witz."

Und vollen Mutes läuft er grad,
statt links, nun rechts im Rad.

Warum?

Unheimliches Schweigen
entperlt deinen Lippen.

Unergründlich der Blick-
flieht ins Nirgendwo.

Nah bist du-
doch Lichtjahre
uns trennen.

Der Wunsch mir im Herzen brennt,
nur einen verborg`nen Gedanken
deiner zu kennen.

Gemeinsame Einsamkeit
sitzt mit zu Tisch.

Wehmütig denk ich der Zeit
unserer Liebe im Keim-
jung, wild und frisch.

Gesellschaft

Hast nichts zu bestell´n

Hast nichts zu bestell`n
auf dieser Welt.

Stehst auf des Lebens Schattenseite.
Wahnsinnsregime und Diktatur
trieben das Land in Pleite.

Dein Kind, vom Hunger ausgezehrt-
hat ausgehaucht sein Leben.

Gern hättest du,
wenn du gekonnt-
deines für seins gegeben.

So ziehst du morsch,
an Leib und Seele-
nur Geist dich mutig leitet,

durch öde Steppe
endlos weit.

Der Funke Hoffnung
glimmt noch flach,
im wundgeschlagnen Herzen-

dass bald ein Hilfskonvoi-
vom Geist der Liebe zugesandt,
mild lindert deine Schmerzen.

Freiheit

Systeme und Gesellschaftszwang,
Konsumrausch, Zeittrend, der dich fesselt-
ganz unbemerkt stehst du im Bann.

Die Freiheit einfach „Mensch" zu sein,
mit seinen Höhen, seinen Tiefen-
auf leisen Sohlen schleicht von dann.

Der Zeitgeist hat es fast geschafft,
dass Mensch sich marionettenhaft
an seinen Fäden fortbewegt.

Gefangen satt in Ruhm und Glanz,
der Freiheit in des Herzensgruft
wird aufgespielt zum Totentanz.

Suspekt

Sie sagt, was sie meint,
auch lacht sie und weint.

Mein Gott, welcher Gattung
entsprang sie?

Ihr Blick, er ist ehrlich
plus etwas naiv.
Ihr Denken suspekt, unangepasst-
contra gängiger Meinung,
unlogisch, nicht lukrativ.

Von Freiheit, Freundschaft,
und Liebe spricht sie,
von Toleranz und Harmonie.

Sie sieht den Bruder in Mensch
und Tier.

„Verrückt ist sie, kann nichts dafür-
wir können sie nicht ertragen."

Kurz und gut
beschließen wir-
lebendig sie zu begraben.

Mobbing

Opfer des Mob,
kein Ultraschall, noch Röntgenstrahl,
diagnostiziert „zerfetzte Seele."
Der Geist, von Angst und Pein porös,
zur Arbeit man sich quäle.

Psyche am Nullpunkt, Körper im Streik,
Leben in Gefahr.
Nach dem Tod kein Arzt ergründet,
wer Mobbing-Opfer war.

Die Täter unbehelligt leben, sehn lapidaren Grund:
„Er war ein bisschen weich halt eben,
wir sind doch auch gesund."

Messe

Im Bade täglicher Langeweile,
auf den Wellen des Abschwungs,

sitzen Zeittotschläger in ihren Messeständen-
harrend besserer Zeiten.

Alleine die Toilettenfrauen
verzeichnen gute Geschäfte.

Frieden

Es kann ein Volk
zu keiner Zeit,
gedeih`n im Sumpf
der Unwahrheit.

Es kann ein Volk,
nicht dort, noch hier,
bestehen just in blinder Gier.

Kein Friede wird jemals gezeugt,
solange das Recht geht gebeugt.

Es gibt heut so wie allezeit-
sollen Hass und Krieg erstarren,
nur Frieden in Gerechtigkeit.

Maske

Hinweg mit der Maske-
„Schöner Schein".

Vieles hat sie schon inszeniert,
wessen Herz ihr nicht dahinterschaut
wird folglich konsterniert.

Sie blendet das Auge,
betäubt das Gehör,
verkehrt dir das Gemüt.

Zieht sie dich in den Bann-
entlarvst du sie nicht,
ein fruchtloses Leben dir blüht.

27

Horror

Wachsendes Ozonloch,
schwindende Gletscher-
Wald bedroht vom Tod.

Meere, tragen Öl und Gift,
Tiefseewelt in Not.

Tierarten, ganz ungeniert,
reduziert des Menschen Gier.

Reine Luft zum Atmen
gibt es nur im Traum,
auf dem Altar des Wohlstandes,
der prangt und glänzt im Raum-
alles wird geopfert.

Gentechnik, geklonter Mensch-
Ich steh mit kalten Füßen,
Schauder jagen durch mein Gehirn-
Frankenstein lässt grüßen!

Worthülsen

Substanzlose Worthülsen,
ohne Zahl-
grenzenloser Überdruss,
Berge von geistigem Müll-
wiederaufbereitet,
geschaffen zum Neugebrauch,
lang noch verbreitet.

Zeitgeist

Geprägt von Oberflächlichkeit,
durchseucht erscheint der Geist der Zeit.
Was einst an Wert und Tugend war,
auf leisen Schwingen macht sich rar.

Der Wissenschaft stolz kühner Wahn,
zieht stark die Menschen in den Bann-
in dunkle Irre führt der Schein,
es kann der Mensch sich selbst allein,
sein eigener Herr und Schöpfer sein.

Wie einstens tanzt die Menschheit halb,
frivol den Tanz ums goldene Kalb.

Zigarettenautomat

Geld saugende Behausung
der Bestie Nikotin-
die in der Tat,
Krankheit, Armut und Elend versprüht.

Mein Blick deinem flieht-
ich erkläre jetzt den Krieg,
dessen Waffe Ächtung heißt.

Tiefflieger

Schwarz, metallene Vögel-
lärmender Donnerflug-
zerberstende Stille.

Düsend noch durch Friedenszeiten.

Bebend Herz und bange Frage:
„Bringen sie in ferne Weiten
Zerstörung, Elend, Totenklage?"

Friede

Es blühen rote Rosen
auf dem Asphalt grau,
kein Bombenlärm zerreißt die Stille.

Der letzte Klageschrei ist lang verhallt.

Pastellener Farbenfluss des Regenbogens-
und seidene Tränen trägt der Wind.

Heiss perlt der Liebe Tau an wunden Herzen,
die Sehnsucht schläft, vom Frieden eingehüllt.

Nimmersatt

Es sprach die Raupe Nimmersatt:
„Gib her, ich will - so möglichst mehr",
nach altem Spruch, „wer hat, der hat."

Ihr Antriebsmotor war die Gier,
Rücksichtslosigkeit der Füße Zier.

Gefräßig, ohne Limit-
Non-Stop die Hast.

Wuchernd in blinder Gier-
todbringend der Ballast.

Innenwelt

Die Zwei

Zwei Seelen wohnen in meiner Brust,
eine frönt der Askese,
die andere der Lust.

Eine verströmt Liebe,
dem Wahnsinn gleich,
die andere hasst in ihrem Reich.

Singend in Freude,
die eine zum Tanz-
gelähmt, apathisch,
gigantisch die Trauer der anderen ganz.

In Erkenntnis ward mir eingegeben:
ich brauch die eine wie die andere zum Leben.

Seifenblasen

Zarte Gebilde,
pastellen, bunt-
lichtleicht,
schwebend, rund.

Seifenblasen kost mein Blick,
zauberhafte Illusion,
leicht und flüchtig,
gleich dem Glück.

Ausweg

Verirrt im Labyrinth des Lebens,
suchte ich den Ausweg -
oft vergebens.
Entmutigung beschlich mein Herz,
Angst kroch gemein durch das Gemüt,
der Lebensmut schien zu entschwinden.

Die Frage hämmerte im Gehirn-
„Werd ich den Ausweg jemals finden?"

Ich rief den Geist der Liebe an,
dass er sich mir erleuchtend zeige,
und ich aus der blockierten Bahn,
glücklich dem Labyrinth entsteige.

Im goldenen Käfig

Tägliches Bad in Sicherheit-
Wohlstandsidylle
lange schon.

Graues Gefühl von Abhängigkeit
schleichend die Depression.

Stark, immer stärker
ein flammender Wunsch
Feuer nach Freiheit entfacht!

Mag das Schicksal sein mir hold.

Sollte just durch ein Versehen
noch einmal die Käfigtür
für eine Weile offen stehen,

nicht eine Sekunde werde ich zögern
den Schritt in die Freiheit zu gehen.

Bescheidenheit

Beim Übermut der Jugend-
Die Frage habe ich gestellt:
,,Was kostet sie, ich will sie kaufen,
diese schöne Welt?"

Nach schier endlosen Katastrophen,
die ich bisher durchlaufen-
bescheiden stelle ich die Frage:
,,Was kostet eine Flasche Gin?"

Möchte mich besaufen.

Dank

Bedroht vom Tod, in der Geburt,
mein Retter, du warst da.

Von Kindesbeinen Einsamkeit,
du warst mir immer nah.

Durch Spott und Hohn,
gabst mir Geleit-
durch Wüsten voller Traurigkeit,
zum Freudenbrunn mich leitest.

Abgrund, bedrohlich, klaffend, schwarz-
trugst mich auf deinen Schwingen-
und meine angsterfüllte Seele,
brachtest du zum Singen.

Du bargst mich aus dem Tränenmeer-
„Mein Gott, ich danke dir so sehr!"

Der Schmerz

War lang gebettet auf dem Nagelbrett,
Stahlspitzen entzogen das Lachen.

Von Schmerz gelähmt, introvertiert,
war just in ihm gefangen-
bis ich als Freund ihn mir erwähnt-
hab ihn mit Lieb umfangen.

Vermutlich, weil leicht irritiert,
ist er von selbst gegangen.

Einsamkeit

Sonnig, heiter, ist dein Weg-
groß der Freunde Zahl.
Leichten Fußes, unbeschwert,
wanderst du im Tal.

Dunkelgraue Wolken ziehen
auf am Horizont,
Regen prasselt monoton,
nagt dir am Gemüt.
Einsamkeit, als dein Begleiter,
mit des Weges zieht.

Einsam lenkst du deine Schritte,
die Erfahrung neu,
dass in grauen, düstren Tälern
Einsamkeit ist treu.

Ernte

Geschenke der Vergangenheit-
Reichtum an Erfahrung,
wachsen, reifen an der Zeit.

Was mit Liebe einst gesät
steht in Reife da.
Freudig weitet sich der Blick-

„Erntezeit ist nah!"

Hoffnung

Was an bunten Jugendträumen,
dir im Leben just entschwand.
Frust, Enttäuschung synchron liefen,
streckenweise Hand in Hand.

Liebe, Mut, Geduld -
welch Hoffen!

Viel an Freude steht noch offen!

Gottvertrauen

Unvermögend, nach endlosem Straucheln
und Fallen, den nächsten Schritt zu wagen.

Kein klarer Gedanke kristallisiert im vom
Elend gepeinigten Geist.

Herz durchströmt vom Zittern und Zagen,
kein Lichtstrahl, der Trost je verheißt.

Zart grünt die Hoffnung im Herzen,
benetzt vom Tau des Glauben,
dass weder Qual noch Pein,
Vertrauen auf Gott könnt rauben.

Hochmut

Hochmütig spricht ein aufgeblasenes Wesen,
,,ich bin und bleib es"
und gegen jede Menschlichkeit
ward es von Anfang an gefeit.

Am stolzen Wahn ist es erblindet,
so dass es keinen Halt mehr findet-
und prallt nach rasend steilem Fall,
auf tiefsten Grund mit Wiederhall.

Zerschmettert liegt es und vermutlich
ignorierte es allzumal,
dass Hochmut kommt meist vor dem Fall.

Rummelplatz

Leben, gleich dem Rummelplatz,
Achterbahn mit Doppellooping,
Horrorshow und Geisterbahn.

Mein ich Ende eines Spukes,
gruslig fängt ein neuer an.

Von der Geisterbahn entlassen,
Schreck noch in den Gliedern nagt,
spähen meine Augen „Traumland,"
Neugierde ist`s die mich plagt.

Fass ein Herz und trete ein,
glaub, könnt mich der Träume freu`n.
Wand`re durch, bin noch nicht halb-
stelle fest-
Sie sind nur Alb.

Atme tief, ringe die Hände,
hoffe auf ein baldig Ende.
Irgendwann es ist vorbei-
Albträume, bin nun frei!

Steh jetzt in der Zaubershow-
Magier seine Künste preist,
Illusion narrt nun den Geist.

Langeweile ist mir fremd.
Alle diese tollen Sachen,
steh`n mir ständig zum Genuss-
kostenlos, ja bitte sehr!
Sag was will ich denn noch mehr?

Liebe I

Vor Liebe blind-
tief war der Sturz,
rasend der Schmerz
mitten durchs Herz.

Zu starke Gefühle,
die mich umtrieben-
beginne von nun an,
den Schmerz zu lieben.

Liebe II

Ich fühle deine Nähe-
ob denn ich dich nicht sehe,
mein Trost, mein Heil und Glück.

Dein Licht strahlt durch das Dunkel,
Zweifel und Ängste fliehen.
sonnenbeglänzte Pfade-
ich wag den Neubeginn!

Licht

Licht des Glaubens,
das erleuchtet,
an des Hasses finstern Ort.
Licht der Hoffnung,
das begleitet,
durch die Wüste-
eh die Seele fast verdorrt.
Licht der Liebe,
das beständig
tief im wehen Herzen flammt,
Angst ,die schwarze Schatten wirft-
aus der Seele hat verbannt.

Hurrikan

Gefühle-
erloschen, im Auge des Hurrikan,
Spur der Verwüstung schlug ihre Bahn,
durch lichte, heitere Seele.

Verdunstet ist die Freudenquelle,
erstickt das Lachen, dass einst helle,
in Scherben liegt des Glückes Krug.

Gefällt liegt auch der Baum der Liebe,
der einstens goldene Früchte trug.

Entfesselte Naturgewalt,
zieht gottlob weiter,
macht nicht halt.

Ganz zart entsprossen neue Triebe,
der Wurzel von dem Baum der Liebe.

Leben

Kindesalter, unbefangen,
lichtdurchflutet, kreativ.

Jugendjahre, wild, rebellisch,
ungestüm, die Zeit verlief.

Forschend, fragend, drängt der Geist-
nach des Lebens Ziel und Sinn.

In des Daseins dichten Dschungel,
steht der Reise Anbeginn.

Nur die Sehkraft deines Herzens,
leitet hell auf dunklem Pfad.

Was an Schicksal vorbestimmt,
birgt noch ferne Zukunft grad.

Stetiger Erfahrung schwanger,
lichtet sich der Horizont.

Ziel im Dunkel, einst verhüllt
zeichnet sich als klares Bild.

Absurd

Alles, was ich nie ersehnt´,
mühelos stellt es sich ein.

Feinde, in der Überzahl,
Freunde, ja sie war´n einmal,
Geldverlust und Rheuma.

Einen Hund, den ich nie bestellt,
mir den letzten Nerv verbellt,
Kummer, den ich nie gewählt.

Probleme, haushoch, kaum zu glauben,
mir den Lebensatem rauben.

Tiefergründend nach dem Sinn,
stellt sich die Erkenntnis ein,
dass, wenn es auch noch so schlimm,
könnt´ noch viel, viel schlimmer sein.

Darum ergreif ich noch zufrieden,
Gegenwart, wie mir beschieden.

Zum Lichte drängt

Zum Lichte drängt,
was einst in tiefster Tiefe.
Zum Lichte drängt,
was Finsternis umhüllt.
Sehnsucht-
der Durst nach Leben,
im Dunkel ungestillt.
Unbändig bricht aus
finstrer schwarzer Nacht,
das Leben,
in des Lichtes Lebenspracht.

Realität

Junge Liebe,
wild, romantisch-
sanftes Kribbeln tief im Bauch.

Geist von Illusion beflügelt,
knackig, jung der Körper auch.

Heute steh ich reif an Jahren,
Illusion, längst Schall und Rauch.

Herz, das pochte wild romantisch-
schlägt just manchmal aus dem Takt.

Körper knackig, jung, vital
Servus, längst es war einmal,
grauer Frust mich heimlich packt,
so es in den Knochen knackt.

Kribbeln, das einst tief im Bauch,
spür ich jetzt in meinen Füßen,
stark ernüchtert stell ich fest-
Realität lässt grüßen!

Lebensmut

Vom Giftpfeil eurer Worte,
meine Seele halb verrostet.

Durch euren Neid und Hass-
mein Herz stark angefrostet.

In tiefster Tiefe glimmt noch flach
der Keim der Liebe.

Orkan der Hoffnung, neu entfacht,
die Flamme-
des Keimes dieser Glut.

Durch Liebe, flammend, stark und heiß-
schmilzt des Hasses frostig Eis.
Ganz neu entsteht ein zartes Reis
von starkem Lebensmut.

Loslassen

Loslassen, was hinderlich,
am steten Wachsen und Reifen.

Liebend loslassen, was man liebt-
und Liebe neu begreifen.

Gleich der Jahreszeit,
leichten Herzens,
nimm Abschied
und sei neu bereit,
Leben zu entfalten.

Seelenfrieden

Nie leid ich je Mangel,
da ich nichts begehr.
Hege keine Erwartung,
die Enttäuschung gebiert,
pflege keine Sorge,
die das Herz einfriert.

Ich nehme vom Leben,
wie mir es beschieden-
und lab mich am Reichtum
des Seelenfrieden.

Träume

Es grünte einst am Baum der Hoffnung-
Jugendträume, hold und kühn.

Doch Traum um Traum im Zeitenwandel,
erblasst, verwelkt und siecht dahin.

Geklärt der Blick, erfasst real,
den Baum der Hoffnung, öd und kahl.

Dem Baum, so er nicht Hoffnung hieße,
kein einzig neuer Traum entsprieße!

Schwarz und Weiss

Neid, du widerlicher Geist,
hasset meiner Seele Ruh´.

Und dem Lieben und dem Lachen,
was das Leben mir erhält,
wünscht dein destruktiver Wille,
dass es restlos mir zerfällt.

Deine rabenschwarze Hand
greift eiskalt nach meiner Seele.

Doch in deiner Blindheit Bann,
fehlt augenscheinlich die Erkenntnis:
dass die Liebe immer dann
deine Fehler dir vergibt.

„Ja, die Liebe ist unsterblich,
weil die Liebe immer liebt!"

Schneeglühen

Liebe wie Schneeglühen
im Schein der sinkenden Sonne.
Im Sog der Vergangenheit
die letzte Tagesstunde:
Eisiges Dunkel,
lähmend und schwer,
eine Träne fällt klirrend zu Boden.

Zuversicht

Steiniger, steiler Lebensweg,
Geist und Kraft mir zehret,
Kurze Rast, ohne Last,
ruh ich atemringend.

Der Gral des Leides,
Schluck um Schluck,
mir Kraft und Stärke bringend.

Gestärkt mit Zuversicht und Mut,
Hoffnung, Geduld und Liebe,
gestützt vom Glauben, dass ich so
nicht auf der Stelle bliebe.

Steppenwolf

Uferlose Einsamkeit,
durch die Steppe,
endlos weit-
nur der eigenen Kraft vertrauend.

Einsam streifend durch die Zeit,
niemand sichtend, der auch teilt,
edle Freude, graues Leid.

Durch die Nächte, finsteres Schweigen,
einsam, heulend Klagelied,
das in stille, öde Weiten,
schaurig, laut sich hebt und flieht.

Schleichend friert das Herz in Eis-
Freiheit, völlig schrankenlos,
Einsamkeit, just ist der Preis.

Suchend

Suchend nach dem Sinn des Sein-
schlage neue Wege ein.

Sicherheit der alten Pfade,
stets bequem und schnurgerade,
diese gern mein Herz entbehrt.

Schwimme, wenn auch kräftezehrend,
mutig gegen den Strom der Zeit.
Treibholz bin ich streckenweise,
stark ermattet ist der Geist.

Trieb von Sehnsucht nach dem Glück,
neue Kräfte mir erwecket.

Leicht wird mir das Herz und jung-
suche nach der Quelle Sprung.

Traurigkeit

Tief auf dem Grunde meiner Seele,
wogt das Meer der Traurigkeit.
Beständig rauscht nach seiner Weise,
das Lied von Liebe, Glück und Leid.

Nur flüchtig, scheint der Strahl der Freude-
er währet , ach nur kurze Zeit.

Dankbar will ich ihn genießen,
ehe des Meeres Trauerwellen
erneut die Freude mir vergällen.

Vertrauen

Herr, führe mich durch
dieses tiefe Tal,
in das kein Lichtstrahl sich verirrt.

Vertrau dir blind, auf dunklem Pfad,
demütig, hoffend, deiner Gnad und Liebe,
die sanft mich führt, durch Unheil und Gefahr-
und ob das Dunkel mich noch fern begleitet,
durch deine Führung Herr,
mein Fuß ganz sicher schreitet.

Wahrheit

Wahrheit als Kost kredenzt,
belastend, schwer verdaulich.

Wer wählet Wahrheit sich als Pfand,
edel, wert und teuer-
dessen Weg geradeaus führt,
manchmal durch Höllenfeuer.

Stark blendend ist der Lüge Schein,
lässt Unrecht Recht und rechtens sein.

Währet der Lüge Zeit auch lang,
fern wird einst verstummen
ihr lieblicher Schalmaienklang.

Wenn Wahrheit oft auch schmerzlich,
im Auge treibt Gewässer.
Mein Herz es spricht:
„Glaub mir, am Ende ist sie besser!“

70

Natur

Nacht I

Tannen träumen
getaucht in blauschwarze Nacht.

Honigmond schweigendes Lächeln,
scheint durch die Kronen.

Dunkles Himmelsgewölbe-
zahllose Sterne als Zier,

Frieden sich maßlos ergießt,
über uns dort, so auch hier.

Nacht II

Finsteres Schweigen-
blauschwarzes Himmelsgeschmeide,
schweifend der Blick, in tief dunkelste Weite.

Funkelnd, ganz fern-
einsamer Stern steht Wacht,
glimmernder Lichtblick beklemmender, schwarzer
Nacht.

Nacht III

Ich liege still-
atme dunkles Schweigen.

Die Gedanken schattenhaft,
bewegen sich im Reigen.

Schlafloses Rieseln-
von Stunden bereitet,
bis Bruder Schlaf mich gefunden
und mich leise umschreitet.

Im alten Park

Goldene Sonnenstrahlen tanzen dort-
auf bleich verschlissenen Bänken,
vom Zahn der Zeit geschändet.

Knorrig alte Bäume flüstern,
von jahrhundertalten Zeiten.

Kühler Zauber fesselt.

Auf maroder Parkbank,
atme ich endlose Stille.

Zwei Tauben im Kampf
um ein Stückchen Papier.

Drängend die Frage:
„Spiel oder Dummheit,
was mein Blick erfasst hier?"

Abend

An des Horizontes Rand,
leuchten Streifen marmoriert.

Glutrot, gleichwie in Zeitlupe-
ist der Sonne Untergang-
anbrechend die Abendstille,
nur vereinzelt Vogelsang.

Pastellfarbne Schäfchenwolken,
ähnlich, wie von Watte sind.
Durch das Krongrün stolzer Bäume,
säuselt kühl der Abendwind.

Abenddämmerung, leise, sacht,
weicht der stillen, schwarzen Nacht.

Mein Hund

Ich hab`s versucht, ich gab mir Müh,
las manches Buch-
und fragte wie: am besten ich den Hund erzieh.

Mein Hund versteht, doch stellt sich dumm,
er dreht das Spiel ganz einfach um,
ich sag`s nicht gerne ungeniert,
mein Hund, er hat mich gut dressiert.

Frühling I

Frühlingswind, seidenzart,
liebkost die Haut.
Sonnenstrahl gießend warm,
Herz aufgetaut.

Grau düstre Schwermut,
schmilzt schnell dahin.
Leben, das neu entsprießt,
atmet der Sinn.

Jubel im Herzen schallt,
tausendfach widerhallt-
„Neubeginn!"

79

Frühling II

Wiesen, saftig, grün, taubedeckt-
schimmern in der Morgensonne.

Seidenzarter Frühlingswind,
streicht durchs Haar-
welch milde Wonne!

Weisse Wolken, ziehn gemächlich,
über himmelblaue Höhn-
Schlüsselblumen, Anemonen, Veilchen,
dicht am Wegrand stehn.

In dem Baum der Kätzchenweide,
singen Vögel, hell und klar-

Frühlingslieder mir zur Freude:
„Leben, du bist wunderbar!"

März

Erste Strahlen der Märzen Sonne-
seidenweich der Fall.
Wie von einem güldenen Zauber,
erscheinen Berg und Tal.

Kahle Bäume, die noch schweigen,
sich vom Licht beglänzet zeigen.
Fernem Wald entweicht das Dunkel,
von der Sonne goldener Flut.

Süsses Labsal füllt die Seele,
dunkle Schatten schwinden hin,
leichten Herzens lässt sich finden,
Lebensmut und Neubeginn!

Karfreitag

Stille atmet aus die Flur,
Stille atmet aus der Wald,
stille, dunst`ge Nebelgeister
schleichen durch die Bäume kalt.

So als wäre die Natur
sprachlos, voller Trauer.

Auf Golgatha am Kreuzesstamm
hing der Herr als Opferlamm,
in Schmerzen und in Schauer.

„Wer kann des Herren Leid empfinden?
Wer seine Todesschmerzen?"

Ein blutiger Liebesstrahl ergoss
sich aus durchbohrtem Herzen.

Die Liebe hat sich grenzenlos
der Menschheit hingegeben.

Sein Kreuzestod auf Golgatha
schenkte uns ewiges Leben.

Rose

Erste Morgensonnestrahlen
umhüllen dich mit Licht,
schlaftrunken deine Blütenkrone-
öffnet sich noch nicht.

Leise, sacht, entperlt der Tau
deiner Blätter, deiner Blüte-

Ganz, ganz langsam wirst du wach.

Öffnest dem Sonnenlicht allmählich,
deine Krone, Fach um Fach.

Wunderschön, anmutig, edel,
zart und dornig ist dein Bild-
das den Garten meiner Seele
mir mit Edelmut erfüllt.

Stille

Weisse Falter ohne Zahl,
elfenhaftes Spiel im Sonnenlicht-
blühender Teppich von Klee.

Silbernes Gleisen, an fernem Ort,
von windbewegtem See.

Oase der Stille, nicht Wunsch noch Wille,
drängen zur Plage.

Funke der Ewigkeit-
lebend im Sein.

Sommer

Sonne heißen Atem haucht-
gleißend ihre goldnen Strahlen-
Stadt und Land sind eingetaucht.

Die Natur durchpulst ein Leben,
sattes Grün durchschleicht das Tal,
Sommerblumen, farbenfroh, prangen
heiter ohne Zahl.

Von den Bergen grün bewaldet,
schallt der Vögel Lied im Chor,
fröhlich seine Sommerlieder-
Wohlgefühl durchströmt mein Ohr.

Silbern glänzt die Wiesenquelle,
murmelt leise von Stell zu Stelle.

Goldgelb stehen die Weizenfelder,
die noch voll in Reife sind.
Gleichend sanfter Meereswellen
wogen sie im Sommerwind.

Welch ein Leben, Werden, Wachsen-
Lust soweit das Auge schweift!

Grüne Kronen stolzer Bäume,
bergen Frucht, die stets noch reift.
Leicht erfüllt mein Herz ein Beben-
aus dem Herzen Freude quillt,
meine Sinne jubilieren:
„Bin vom Leben eingehüllt!"

Mein Apfelbaum

Gelöst, vom güldnen Maienschein,
fließt neues Leben in dich ein,
nach kalter Winterstarre.

Zartrosa ziert ein Blütenmeer,
jung sprießt das Blattgrün-
an Zweigen die einst kahl und leer.

Frisch singt der Frühlingswind sein Lied,
vom Leben, das nun neu erblüht,
in deiner stolzen Krone.

Urlaub am Meer

Die Nacht der Morgendämmrung weicht,
ein junger Tag zieht über´s Land.

Wolkenlos der Sommerhimmel.

Lebensspendend prangt die Sonne,
hoch am blauen Firmament,
von wo sie mit mildgütiger Hand
einen goldenen Sonnenschleier
zaubert über Meer und Strand.

Goldschimmernd seichte Meereswellen,
ein Wechselspiel von Auf und Ab,
sacht wiegen sich die Fischerboote.

Frohgelaunte Fischer, munter, plaudernd,
stehn am Hafen.

Noch ist die Touristenmeute,
vom Nachtleben ausgelaugt,
tief und fest beim Schlafen.

„Auf zum Fischfang, in die Boote!"

Vom Hafen dröhnt Motorenchor.
Stolze, weisse Boote gleiten
in des Meeres weite Weiten.

Langsam kriecht Touristenschlange
über staubigen Pfad zum Strand.

Frischverliebte Pärchen
schlendern turtelnd Hand in Hand.

Vom Kind bis zum Greise
geniesst jeder wie er mag,
frohgelaunt auf seine Weise,
sonnig, bunten Urlaubstag.

Morgen am Meer

Fern schleichen dunst`ge Nebelschleier,
vom silbergrauen Meer.
Noch schläft die Sonn in Wolkenmassen-
der Strand, öd, menschenleer.

Durch scheue, weite Morgenstille,
singt der Wind sein Lied,
vom Osten steigt die Sonne hoch,
die ihre Bahn leise zieht.

Es rollen in Gischt die Meereswellen,
die meinen Blick gebannt,
im wild unbändigen Wechselspiel,
stark tosend, gen sonnbedeckten Strand.

Mein Herz bebt sacht im Glücksgefühl,
im Stillen ich mich freu,
am Tag der taufrisch, unberührt,
noch einzigartig neu!

Meine kleine Stadt

Am Saume dunkler Fichtenwälder,
glänzt eine Perle-
Kronach, ein Städtchen das schon älter,
eintausend Jahre von Bestand.

Geboren just hier Lukas Cranach,
als großer Maler allbekannt.

Hoch über ihr die Veste liegt,
von wo die Schweden einst besiegt,
durch starken Frauenmut.

Das Herz,
die Altstadt, „welch Romanze!"

Verwinkelte Gässchen, Fachwerkbau,
Türmchen, Tore, düstre Gewölbe,
in denen ich Vergangenes schau.

Alte Stadtmauer, von Efeu begrünt,
Bild aus verwunschener Zeit.
Gemächlich der Fluss-
Wildenten gleiten-
in dem Krongrün stolzer Bäume,
vergnügt ein Rabe schreit.

Ehrwürdiger Kirchen Glockenschlag,
vom hohen Turm, tönt in den Tag.

Völlig und ganz ungezwungen,
Tradition und Moderne, engverschlungen.

Geschäfte- cool, individuell,
vielseitige Gastronomie,
Kultur, Schulen, so auch Industrie.

Menschen freundlich und charmant,
rau und herzlich, so bekannt.

Nein ich sag es nicht im Scherz:
„Kronach ist ne Stadt mit Herz!"

Korfu

Noch trinkt mein Blick
der sanften Hügel sattes Grün.

Schier unermüdlich im Olivenhain
spielt das Orchester der Zikaden.

Noch einmal bis zur Wiederkehr
geb ich am feinen Meeresstrand-
just lustvoll meiner Seele Flügel.

Türkises Blau unendlich weit-
der Sonne güldener Glanz kost heiss die Wogen.

Die Wehmut hat den Stachel mir ins Herz getrieben:
„Der Abschied naht!"
- Wäre gerne länger noch geblieben.

Regenbogen

Grauduster der Himmel,
Regen fällt strömend zur Erde.
Schwermut im Blick-
Schwermut das Herz in Gebärde.

Unweit, ganz sanft,
Sonne gießt goldene Strahlen.

Freudig berauscht sich mein Blick
am Regenbogen, pastellen, bunt,
trotz Regen, der im Fallen.

Herbstwind

Rollend in tiefgrauen Wolkentross,
schnaubend der Herbstwind, gleich dem Ross,
wild, ungestüm fegt über Land.

Regen peitscht in vollen Massen,
durch graue, menschenleere Gassen.

Im Garten dort, die letzte Rose,
noch hebet stolz den Blütengral,
den heulendes Windungeheuer,
zerschmettert, stürzt und bringt zu Fall.
Auch Baum und Busch stehen tiefgebeugt,
von grober Willkür, die sich zeigt.

Wohl dem, der in trist, düstren Tagen,
zu eigen nennt ein trautes Heim,
gemütlich harret dieser Tage,
wohl dem, der harret nicht allein!

Nebel

Dunstig graue Nebelgeister,
schleichen fern am Waldesrand.
Steigend, schweben sie davon-
in graue Höhen, vereint mit ihnen Ton in Ton.

Langsam legt sich kühler Schmerz,
auf mein einsam, müdes Herz.

Aus den Bäumen, kahl und traurig,
kräht ein Rabe, laut und schaurig.

Nieselregen, sachte fällt,
trostlos erscheint mir die Welt.

Tief von meines Herzensgrunde
leisehab ich es vernommen:
„Gräm dich nicht,
bessere Tage werden kommen!"

Ruinen

Ruinen, entleibte Gemäuer-
schaurig, schön.

Längst blühet hier wieder,
im Frühling der Flieder,
stehen von zartem Pastell Wildrosen.

Gesang der Lärche, aus dem Fliedergeäst,
Bienen im Nektarrausch.

Morsche Ruinen, skurriles Bild,
morsche Ruinen, lebendig und wild.

Sehnsucht

Sachte schweben Schneekristalle,
aus trüb grauer Wolkenmasse.
Schneegeruch zieht durch die Luft.

Einsam wandere ich im Wald.

Tiefste Stille, weit und breit,
schneebedeckte Bäume schweigen,
Wald, er trägt ein weißes Kleid.

Eisigen Windes wilder Wille,
pfeifend, laut zerreist die Stille.

Klamm wird mir im Geist und Herz,
schleichend nagt an meinen Knochen,
grimmige Kälte, mir zum Schmerz.

Leise erfüllt mein Herz ein Sehnen,
lechz nach milden Frühlingslüften,
Sonnenschein und süßen Düften.

Raureif

Keuscher Morgen,
im matten Gold
erscheint die Wintersonne.

Von eisigen Windes Hauch,
bizarres Glitzern-
und jeder Strauch und Baum,
in filigran kristallner Blüte.

Mein Blick spurt durch den
Wintertraum.
Noch bricht kein Vogellaut,
das uferlose Schweigen-
und Tränen voll des Glückes
der Seele sanft entsteigen.

Winter

Die Luft so klar,
durchhaucht von frostigem Schweigen.

Am Horizont, der eisigblau,
beginnen Wolken silbergrau
gemächlich aufzusteigen.
Von mattem Gold erscheint die Sonne,
im dunst`gen Wolkenkleide-
und Feld und Flur im weißen Pur,
mein Blick-
er schweift in schneebedeckte Weite.

Die Sonne strahlt im hellen Glanz,
entblößt vom Wolkenschleier ganz-
gießt goldene Strahlen übers Land.
Funkelnd, gleich einem diamanten Meer-
unzählige Schneekristalle um mich her!

Weihnacht´

Gott liebte seine Menschen,
machte sich ganz klein,
er wollte, wenn auch nur kurz,
einer von ihnen sein.

Die Menschen ohne jeden Sinn
für Gott hoch aus dem All-
verwiesen ihn zu seiner Geburt
in einen kalten Stall.

Des nächtens Hirten auf dem Feld,
erschien ein gleißend Licht.
Die Schar der Engel, wunderschön-
sprachen: „Fürchtet euch nicht-
lauft nicht fort-
der Heiland ist euch heut geboren-
unweit im Stalle dort."
Ungläubig, völlig fassungslos
eilten die Hirten zum Stall.
Welch Stille, Freude, Friede, Liebe
herrschte hier überall.

Ehrfürchtig knieten sie danieder
und beteten das Baby an-
gratulierten Maria, der Mutter
und Josef, ihrem lieben Mann.

Die Nacht-
seltsam still, so voller Liebe-
jeder hatte den anderen gern.
Wäre es heute noch so,
schön könnte es sein-
auf unserem irdenen Stern.

Fröhliche Weihnachtszeit

Mitte August-
der Urlaub eben ist vorüber.
Erholt betrete ich mein Heim-
fall erst mal locker in den Sessel.

Bewege mich nach kurzer Ruh
neugierig der Mail-Box zu.

Randvoll, diese angefüllt-
halb aus ihr die Post schon quillt.

Untern Arm klemm ich das Pack-
und wie immer,
laufe ich ins Arbeitszimmer.

Sortierend ich am Schreibtisch sitze,
Schweiß, er rinnt bei dieser Hitze.

Oben auf dem Posteingang,
ja ich trau den Augen kaum,
freundlich werben Glanzprospekte,
„Geschenke unterm Weihnachtsbaum."

Mich durchzuckt ein kurzer Schreck-
mein Verstand beruhigt mich:
Weihnachten ist noch weit weg.

Laufe später im September,
kaufe ein im Supermarkt-
stelle fest:
Lebkuchen palettenweise,

Christstollen und Nikoläuse.
Leichte Panik mich befällt:
„Wie verrückt ist doch die Welt!"

Dann bereits Ende Oktober,
wie des öfteren kauf ich ein.
Weihnachtslieder mich berieseln,
von der Freud aufs Kindelein.

Unwohlsein mich leicht erfasst,
ich verlass den Markt mit Hast.

Dritter Sonntag, im November,
in der Altstadt-„welch ein Treiben!"
Eine Woche vor Advent,
hat bereits der Weihnachtsmarkt,
seine Pforte schon geöffnet.

Will nun gehen,
will nicht bleiben.

Punsch und Glühwein mich nicht locken,
Bratwurst, Pizza, Crepes und Fisch,
nein, ich mach mich von den Socken.

Einsam streif ich durch den Park,
Schnee knirscht unter meinen Füßen.
Ein Gefühl, steigt auf, ganz stark,
dass das schöne Fest mit Herz,
stark verkommen zum Kommerz.

Der Geschenkzwang, der ja üblich,
macht das Fest mir stark betrüblich.

Weihnachtsfeiern, wöchentlich,
den Stresspegel steigen lassen.
Weihnachtsbaum und Festmenü,
süßer klingeln nie die Kassen,
als zur schönen Weihnachtszeit.

Nein, da lob ich mir die Stille,
die zu Haus mich sanft umarmt.
Dort im milden Kerzenschein,
leuchtet mir die Botschaft ein-
dass sich Gott einst gab aus Liebe,
um die Menschheit zu erretten,
armselig, geboren als Kind.

Weil von dieser Lieb beschenkt,
sollen wir nur Liebe schenken-
Fried und Freud,
das nicht nur zur Weihnachtszeit!

Silvester

Des alten Jahres letzter Tag,
entschwebt mit seichtem Flügelschlag-
unaufhörlich tropft die Zeit,
mein Blick spurt die Vergangenheit.

Entschleiert liegt sie hell und klar,
jung, aus geheimnisvoller Zukunft-
tritt nebulös das neue Jahr.

Haikus

Die Eintagsfliege
genießt ihr kurzes Leben
als rauschendes Fest.

Katzenpfoten zart
suggerieren Zärtlichkeit
schmerzlich die Krallen!

Längst sind die Schwalben
in den Süden gezogen
des Sommers Neige.

Einsam im Garten
des Sommers letzte Rose
vom Frost ausgelöscht.

Inmitten der Nacht
dämmert ganz unmerklich schon
ein neuer Morgen.

Alles verstehen
ist gleich alles verzeihen
manches im Dunkel.

Nachtschmetterlinge
leben von stummen Tränen
im schwarzblauen Sein.

Einst stürmisch bekriegt
stolz unbesiegte Veste
krönt glückliche Stadt.

Träumende Rosen
Hauch von güldener Sonne
noch jung ist der Tag.

Zeit nahm und schenkte
was heute in Gegenwart
sich real findet.

Leid unermesslich
nur die Liebe überwand
Grausamkeit und Tod.

Sternschnuppenregen
glühende Wünsche reisen
durch die dunkle Nacht.

Rosenblättertanz
zum Abschiedsfest des Sommers
Herbstleuchten wartet.

Zerstörte Seelen
im Banne der Begierden
hohl, lebloses Sein.

Inhaltsverzeichnis

Innenwelt...... 35